인디언 서머

인디언 서머

이 현

실천문학

제1부

청바지 J	11
인디언 서머	12
이사	14
미현이라는 거짓	16
공업사와 개	19
모두의 도서관	20
산책을 따라나선 밤	22
탈의실	24
나의 월요일	26
문상하는 자세	27
드라이플라워	30
달력 속의 사람	32
손가락 왈츠	34

제2부

명료한 밤	37
오랜 분실물	40
크리넥스가 젖었다	41
숙제는 끝나지 않아	42
휠체어 타는 남자	44
아라비안 노래꼬리치레	46
악수	48
여름은 그곳에 남아	50
호계역에서	51
네잎클로버는 없다	52
모자, 일요일 그리고 개	54
첫 눈사람	56
객점 호짜이	58

제3부

유키는 유키	63
누구의 장례식이었을까	64
소꿉놀이	66
톨게이트에 웃음을 지불했다	68
아직도 술래일까	70
밤의 횡단보도	72
목요일의 안부	74
광장의 방향	76
샤갈의 미술관	79
스무 살 다이어리	80
폭설, 봄	82
폐경	84
My Second Life	86

제4부

창고와 개	91
우리 집 구전	92
크레바스	94
나무랄 수 없는,	96
다시 여름	99
8월 4일	100
그러게, 그러게	102
낮달	104
여름 고드름	106
기도의 내일	108
이모라고 했다	110
나르시시스트	112
해설 김병호	117
시인의 말	138

제1부

청바지 J

  J의 세 시는 청바지의 오후랍니다 등이 휜 날들의 푸르죽죽, 사는 건 매일매일 뒤틀린 가슴에서 다리를 꺼내는 일이라고, J의 혀가 세 시를 웃어요 사라진 뒤꿈치에서도 언젠가 발톱은 돋아날 거예요 무채색 담벼락을 움켜쥐고 주황을 뽑아 올리는 능소화, 그 아래에서 음료수 캔을 찌그러뜨리는 J 이름은 바람이에요 주머니엔 한 계절을 훔쳐간 여자들이 불룩해요 오후 세 시가 J를 재활용합니다 분리된 젊음이 되돌아와 줄까요 달리는 오후 세 시가 J의 다리이긴 할까요 손가락에 불을 붙여 푸른 연기를 마시는 J가 사랑하던 주황의 입술들이 담장 아래 시듭니다 매달리는 모든 게 사랑이란 걸, 바닥이란 걸, 단번에 알아버린 J의 세 시. 바람을 휘어 감은 청바지 J, 나이 먹느라 흘리고 온 팔다리가 겨우 숟가락이라네요

인디언 서머

여름이 갇혔다

한 번도 스스로 어두워본 적 없는 마네킹을 생각한다
한 덩어리의 어둠으로 켜켜이 페이지를 이룬
두꺼운 책을 들고 비가 올 때마다 계단을 오른다

종이컵에 가라앉은 시간을 마신다
처음엔 이름과 맞바꿀 생각이었다 어둠, 한 줄에 죽음 하나

나는 아무렇지 않은 척 살고 있구나, 쇼윈도를 사는 심정으로

어제는 비스킷을 씹고
죽은 자와 나누던 대화를 불러내고
흰 벽에 부딪친 나비의 날개를 이해하고
아무렇게나 떨어진 옆 테이블의 목소리를 데리고
깊은 나락으로 내려갔다

어긋나게 자란 사시나무 곁으로
시침이 꽂힌 채 작은 새가 뒷걸음질 치고 있었다
누군가 다가와
처음으로 돌아가는 문을 알려주겠다고 했다
나는 머리를 흔들었다

아무것도 필요하지 않은 여름이었다

이사

 나는 일인용 텐트에서 잔다 그러니까 이 집 주인은 안팎을 기웃거리는 도둑고양이와 겨울옷이 담긴 저 보라색 트렁크인 셈이다.

 마루에는 털 빠진 담요가 웅크려 있고, 어제 처음 만난 언니는 운동화를 구겨 신고 나가서 돌아오지 않는다. 바나나 껍질이 이름표를 따라온 내 생일에 가서 미끄러진다.

 혼자 탯줄을 잘랐다니, 열두 살짜리가 아빠를 찾아냈다니, 챙 모자를 쓸까? 곰 무늬 양말이 좋을까? 거짓말은 끝까지 표정을 드러내지 않아야 하는데, 혼자란 그렇게 쓸까?

 텐트가 꾸는 꿈은 자주 흔들거려, 하루에 백 번 물을 줘도 화분은 말라가고, 서랍 사진은 자꾸 앞으로 넘어왔다. 물이끼가 소문처럼 축축하게 자랐다. 아빠라는 사람은 새벽에 들어와 내 머리카락을 주울까?

꿈을 끝까지 꾼 날은 물구나무가 잘 서졌다. 나무가 멀어지고 학교 운동장이 가까워졌다. 대문 앞 트럭이 보이지 않고, 일기장에 적어둔 주소가 찢겨 달아났다.

나는 나를 아는 풍경을 불러 검게 검게 색칠했다.

미현이라는 거짓

쏟아진 살구를 앞섶에 담았다.

물속에서 듣는 물 밖의 소리들, 웅크려 앉은 사람에게서 입에서 어느 스무 살이 흘러내렸다.

거리엔 흑백의 일들이 뭉텅뭉텅 굴러다니고, 육교에서 내려다본 거리가 낯설고 익숙했다.

이곳에선 종일 국화 향기가 나. 어느 가을에 트렌치코트를 두고 떠난 네가 살고 있는 것만 같아.

무너지자, 망하자 손가락 걸었던

태어날 때부터 스무 살이었지. 너는 스무 살의 숲에서 자꾸 태어나고 자꾸 죽었지.

처음으로 담배를 태운다. 어두운 벤치에서 낯선 남자가, 민소매 차림의 흑인 아가씨와 술을 마신다. 알아들을 수

없는, 지금도 스무 살의 숲인데

  육교 건너 편의점을 찾아간다. 계단을 건너도 나타나지 않는, 지난날은 어디서도 살 수 없는, 편의점을 찾아 내리막으로 줄달음치는 이야기를

  나는 밤새 했다.

  은행나무가 잘린 채 누워 있었다.
  갓 태어난 잎 젖을 문 아기처럼 매단 채
  누워 있었다.

  바다를 왼편에 두고 오래 달린다.
  새벽이 오고 빛이 사라진다.

  집으로 돌아가는 길도
  집에서 나오는 길도 혼자였으므로

미현이를 묻으러 가는 날
그녀의 섶에 살구가 그득했다.

공업사와 개

 개가 없어졌다 눈에 띄지 않던 검은 대나무가 그늘을 흔들어 댔다 공업사는 조용히 가라앉기 시작했다 종이처럼 얇은 밤이 부스럭대며 낮을 빠져나갔다 개야, 밤의 개야, 언덕은 거칠고 가파르단다 네 눈동자 속에는 이미 귀신이 들어왔단다 공업사는 소매 끝이 더러웠고 단춧구멍이 늘어졌다 작은 키에 억양이 건조했다 오랜 기간 병원에 있다가 퇴원한 사람의 입 냄새가 났다 누린내를 풍기며 짖어대던 개, 자신의 똥 가까이 누워 움직일 때마다 킁킁대던 개, 쉽게 무르는 복숭아처럼 아는 얼굴들이 멀어져 갔다 비가 올 것 같았다 며칠째 쌓인 똥이 말라 한 바구니의 조약돌처럼 반질거렸다 잃어버린 개의 이름을 부르고 있다 녹색 그물이 가로로 이어져 바람을 물어뜯고 있다 종이처럼 구길 수 없는, 불쾌한, 개가 사라졌다

모두의 도서관

　이곳엔 문턱이 있다 울음을 굽는 개그맨처럼, 시간을 저축하는 회색 인간처럼

　키오스크에서 칸트를 주문하는 사람 번호표와 미래를 바꾸는 사람 컵라면에 꿈을 말아먹는 사람 손톱에 낀 직장을 물어뜯는 사람

　아직 도착하지 못한 얼굴들이 블라인드 밖에 있는데, 스펙을 씹는다 일시 정지시킨 노후, 김밥처럼 체계적인 재테크, 비트 색은 유망한 사업이다 붉음과 보라 사이의 가능성

　클릭만 하면 미래가 붉어지는 이런 강의는, 나도 두꺼운 취미를 즐기는 부자로 만들 것 같고, 햇살쯤은 수하로 부릴 수도 있을 것 같은데

　운영 시간은 평일 오후 아홉 시입니다

미처 되찾지 못한 용기가 출입구 앞 종이 박스에 담겨 있다 아직 마지막은 아니야, 마리아상의 발밑에 흘러내리던 촛농처럼, 눅진한 입을 가리고 말한다 포기하지 마세요 당신은 미인입니다 꽃점이 적힌 껌 종이를 구겨 아홉 시의 흡연실로 향한다

어디로 가야 월요일을, 어디도 비지 않은 시월의 밭에 닿을 수 있나 되는 일도 안 되는 것도 없는 내가 그 어디쯤에 의자를 밀어 넣는다 에코백이 부푼다

모든 이유가 살고 있는 도서관이 나를 기다리고 있다

산책을 따라나선 밤

가만히 눈 감으면 얇은 어둠이 몸을 감쌌다

중력을 거스른 고양이가 울음을 밝혔다 환하게 끄곤 했다

꺼지지 않는 불꽃이 덮는 온기처럼

버티느라 무너지고 있었고

들키지 않으려는 생각이 등에 길게 따라붙어 끈적거렸고

계절은 뚱뚱해져 갔다 그늘이 밴 몸 냄새가 이상하게 따뜻했다

나는 깊고

헤어날 수 없는 구멍이었다

지구 어딘가에 있을 부족의 말을 혼자 내뱉으며

걸었다, 모르는 게 많아 세상이 영원할 거라는 사실을 증명하기 위해

오늘 짐승의 가죽을 입은 이들이

어제의 경건한 제단에서 잠을 청했다

비에 젖은, 번들거리는 꿈이 있었다

탈의실

미스 안의 반지가 없어졌다
미스 민의 반지였는지도 모를

손가락에 숨겨 놓은 저마다의 비린내가 쏟아졌다

왜 하필 오늘이야, 구석이 많은 탈의실 문이 신경질 내며 닫혔다

잘못 됐겠지, 곧 나타날 거야

한 달째 찾지 못한 반지는 모두의 탈의실을 흔들어 댔다

지나치게 얇은 사물함이 있었고, 어떤 비밀도 반지처럼 둥글지 않아서 나날이 얼룩이 자랐다

밝은 굿모닝, 탕비실에서 우리는 서로를 잃어 갔다

탈의실을 드나들 때면 뒤통수에 누군가의 손가락이 꽂

혔다
  문은 자주 열려 있었고 모두가 범인이었고

  아무도 없는 캐비닛 거울 속으로 눈 쌓였다 녹고
  입고 벗는 옷 사이로 뱀이 기어다녔다

  계절을 건너뛰어 얇은 유니폼에선 생쥐 죽은 냄새가
났다

  미스 안의
  미스 민의

  탈의실 어딘가에 웅크리고 잠이 든

나의 월요일

 쥐가 났다 숨이 막혔던 어제, 물고기를 줍고 줍다가 깨어났다 종아리를 움켜쥐고 뒹굴었다 빌려 입은 원피스 주머니가 터졌다 천장에 붙은 몸을 빙빙 돌리던 월요일이었다 옷걸이에 걸려 축 처져 있던 열패감은 언제까지 붙어다닐까 빌린 옷을 돌려주듯, 월요일엔 쥐가 난다 비행기를 타지 않아도 핏줄로 흘러드는 시차, 계단을 찾았으나 움직여지지 않았다 팽창된 아랫배가 무거웠다 검은 열매가 달린 나무 그늘을 컵라면에 말아 먹었던가 축축한 고양이의 눈을 마주했던가 주근깨로 자잘해졌던가 뜨거운 물을 붓는 순간 물고기는 거품이 되어 버렸다 삭게오처럼 몸이 줄어 다리가 다시 뻣뻣해졌다 옆으로 누워 변을 보던 자들이 순서를 기다리고 있었다 얼굴을 가린 채 문 앞에 도착한 월요일이 쌓여간다 물고기가 내장을 터뜨리며 바닥으로 쏟아진다 월요일이 끝나지 않는다

문상하는 자세

칸마다 다른 색을 가진 장례식장에 다녀왔다

찌가 가라앉지 않는다
가만히 쳐다보면 울음이 들리기도 하는 물속의

장례식장 입구에는
물에 풀린 밤이 돌 틈을 옮겨 다닌다
아직 빈 쌀 포대가 얹힌 화환이 있다

가까이 왔다가 멀어진다
둥둥 떠 있기도 하는 얼굴, 찡그린 표정

흔들리는 국화 속에서 웃고 있다

지난달이었던가
흰색 가운을 입은 이가 우울한 낯으로 회진을 돌았다고 했다

회진은 어떤 환상을 탐닉하는 동안일까

똑똑 소리를 내며 릴을 돌리며
고인의 이름이 떠다니는 수면을 오래 바라본다 혼잣말에도 대답해 주던 물소리가 목소리로 바뀐다

어둡고 뾰족한 빛이
똬리를 틀고 물길을 돈다
멈추면
가라앉아 버릴 것 같아
똬리 따라 물길을 나도 돈다

천변 어디에선가 매미가 벗어둔 전생이 말라갈 것이다

가라앉지 않는다는 것은
아직 내일이 남아 있다는 거겠지
말하지 않는다고 없었던 것이 되지 않는 자세처럼

함께 웅크리고 있다
죽음이 가라앉지 않는다

드라이플라워

거꾸로 매달린 흰 장미는
들어가는 중입니까 장미 밖으로 달아나는 순간입니까

비행을 기다리며 이름을 검색합니다

떠난 이들과 떠나려는 나
봄 햇살은 오후를 지나 겨울 냄새를 풍깁니다
처음 본 지명들이 전광판을 깜박거립니다

베란다에 두고 온 화분은 무엇을 끌어안는 중일까요
주머니를 뒤집니다 내가 도착할 곳이
전화기 속인지, 누구의 겨울인지 까마귀인지
아는 척, 다가오는 얼굴을 향해 나를 속여도 될까요

도착과 출발을 알리는 목소리를 가늠하며
손거울 속 얼굴은
떠나는 이와 돌아오는 이 사이에 서 있습니다

바람을 빼고
수많은 얼굴을 구겨 넣은 트렁크 속의 너무 많은 활주로
나에 관한 질문이 빼곡합니다

왜 길 가운데 서 있는 느낌이죠?
마른 장미는 돌아올 때까지 장미일까요

사무친 마음들이 죽고 태어나고
거꾸로 매달려 말라갑니다

달력 속의 사람

고사목처럼 선 채 꺼져가던 소

누런 털에 싸여 속을 들키지 않던 소
커다란 눈에 여러 번 나를 넣었던 소

들것에 실려 온 소 흰 천에 덮여 있던 소

여름내 등에 진드기를 이고 살던 소
제가 흔든 요령 소리에 놀라 뛰던 소 뜨지 않은 그믐달을 핥던 소

구급차와 상여를 구분하지 못하는, 앉은 건지 누운 건지, 쉬는 듯 쉬지 않는, 낡은 몸이 버거운, 지붕에 쌓인 눈을 오래 지켜보는, 얇고 파랗게 변해가는 소

빈 병에 취해 비틀거리던 소 흰 알약을 밥처럼 삼키던 소 툇마루에 앉아 햇살 쪼던 장닭을 한없이 바라보던 소

그러다 혼자 울어버리던 소
사각 철재 거울 속에 아지랑이로 갇힌 소

손가락 왈츠

유방에서 낯선 손가락이 돌아다닌댔어요 병원 식판엔 모래알이 담겨오곤 했죠 주머니 가득 혓바닥이 쌓입니다 가슴이 문제라고요 차트엔 아이가 둘이라고 적힙니다 유리창이 온통 귀라는 것도 알게 됐죠 빗방울이 구르다 귓속을 적십니다 맨발을 편애하는 슬리퍼가 끌려다녀요 피를 채운 도돌이표처럼 종아리에 장마철이 휘감깁니다 비는 늘 뒤통수칠 순간을 숨겨 놓죠 장화와 슬리퍼는 한 켤레를 이루면 왜 안되나요 끝까지 한방을 쓰지 않는 아침 드라마, 우산을 펴면 데이지 같은 새엄마가 돌아옵니다 가슴으로 낳은 아이가 유방을 만지작거려요 젖내는 소용돌인가 봐요 납작한 유선을 따라 핑그르르 도는 손가락들, 불행은 언제나 친절해요 나는 아이들을 옆구리에 끼고 아홉 살의 비를 찾아갑니다 슬리퍼의 선택처럼, 지금도 스멀거리는 유방의 낯선 손가락처럼, 입양된 내 아이들처럼

밤의 무릎이 툭툭 잘려요 퀵퀵 빗방울이 빨라집니다

제2부

명료한 밤

믿었다
평균율에 대해

보이지 않는 개에 대해 개가 물고 간 돌멩이에 대해 여름에 대해
밤의 나무에 대해 밤나무에 대해
나는 계속, 개를 보았다 부딪쳤다

어디에서나 수시로
내게 가까이와 꼬리를 감추며 아는 누군가가 되곤 했다
맞은편 의자에 앉은 이마다 내가 개를 보지 않았다고 했다

동의를 얻지 못한
수렴이 불가능한 것들의 간극, 으르렁

떠나는 당신과 다가오던 당신의 전혀 다름
사이에는 무엇이 있었을까?

꽃은 피는 게 아니야 쏟아지는 거지
송곳니가 가득한 장미의 상냥함

달빛은 땅에서 자라는 것처럼 바스락거린다
꽃처럼 조금씩 칫솔이 피고 있다
붉은색을 문 개가 핥던 밤을 물어 온다

타인에 의해 발견되는 나를
가령, 젖먹이였던 아이가 안녕하세요 인사할 때
나도 저만큼의 개를 건넜구나

오지 않은 여름은 몇 마리나 남은 걸까?

물에 젖은 빛
꽃을 토해낸 나무의 옆구리를 날아오른
돌멩이가 개의 등을 통과한다

여름밤에 도착해 그대로 멈춘 개
돌멩이 왼쪽에 돌멩이 왼쪽에는 개
폭죽이 터지던 해변이 그랬다

텅 빈 듯 무겁다 짖지 않았으나 들린다

오랜 분실물

미니 장미를 거쳐, 비싼 손목시계를 지나
야생화가 핀 둔덕을 넘으면
금요일의 집이 있다

스물아홉 무렵 퇴근을 한 여자는
육십 대가 되어 도넛 노점상으로 출근을 한다

남편은 분실물
산의 서랍을 열다가 스스로를 빠뜨렸던 산사람
산에서 습득한 사람이 돌아온다

오랜 분실물을 찾았노라고
여자는 말한다
도넛이 구워지고 미니 장미가 피는
집으로, 돌아가는 금요일

결코 황량할 수 없는 길이 펼쳐진다
불이 환한 도넛 터널을 지난다

크리넥스가 젖었다

 공을 친다 마지막처럼 친다 멀어지는,과 버리는,의 사이를 친다 능동과 사동의 격을 친다 긴밀과 친밀의 틈새를 친다 재미없어, 심심해,라고 말한다 브래지어 끈이 첨밀밀 첨밀밀 쌓일 것 같아 가슴도 공처럼 주고받을 수 있는 것인가 11월의 의자가 돌아선 연인들처럼 차고 시리다 의자 위로 담뱃재가 떨어진다 흰 공이 타버린 사랑처럼 뒹군다 토요일마다 만났던 얼굴이 서먹하다 연말까지만, 무엇을 더 주고받으면 연말이 올까 생각한다 너 때문이었어 금칙 때문이었어 날씨 때문이었어 무수한 때문을 다 합하면 둥근 공이 세모로 바뀐 이유가 될 수 있을까 때문이 몸을 타고 들어와 깊숙이 가라앉는다 여름밤의 소나기를 되짚지 않는다 속이 텅 빈 대나무를 말하지 않는다 누군가 앉지 않아도 의자인 의자처럼, 작은 공을 친다 사람을 친다 출렁거리며 다가오는 나를 친다 흰 공과 흰 사람의 크기를 친다 아프다, 얽히는 것과 핏줄에 대해 끝도 없이 자꾸, 둥근 것들을 치고 있다

숙제는 끝나지 않아

 쇼핑백엔 엄마가 들어 있어요 나는 큰소리로 아이의 표정을 짓습니다 엄마는 세계의 집합체, 만지면 빗소리가 들립니다 깨진 알약을 통과하는 엄마는 가장 어려운 문제입니다 다시 걸려온 언니의 전화를 놓쳤다면 엄마는 나를 기다려줬을까요

 표정은 내부와 연결되지 않나 봐요 엄마가 죽었다는데 난 울 수가 없었어요 손바닥을 뒤집는 장면을 상상했죠 눈물에 휩쓸린 엄마가 헤어 나오지 못할까 봐

 울음 입힌 발이 찾아와요 꽃을 따라온 얼굴들이 울다 웃다 돌아가요 엄마는 내 발에 분홍 구두를 신깁니다 오늘은 초경, 난 다시 열 살이에요 검은 저고리를 입은 팔다리가 하얗게 뒤틀립니다 손수건 위로 어금니가 빠집니다 찔레꽃은 아직도 환한데

 내 몸의 때를 밀던 엄마가 등짝을 내리칩니다 나는 빽빽한 문제집을 앞에 두고 엄마를 받아쏩니다 이번 방학엔

엄마를 다 풀 수 있을까요

 쇼핑백에 든 엄마를 무엇으로 바꿔야 하는지, 지금이
진짜 시험인데 자꾸만 다리가 꺾입니다

휠체어 타는 남자

주머니가 많은 그의 바지

안개 속으로 사라진 길, 미간을 잔뜩 찌푸린 호두
빠져나갈 구멍이 없는
급브레이크, 손 넣어 더듬을 때마다
불룩하게 부푸는 주머니 속 내용물들이다

바지의 과거를 의심하는 주머니에
오늘의 날씨를 구겨 넣는다 새로운 장소가 만져진다
온다던 버스는 오지 않고, 쿡 찌르면 구정물이 쏟아질 것 같은

간밤 건너편 도로를 질주하던 구급차
뒤집어 벗은 양말인데 한 번 더 뒤집혀 있다

주머니 속 누군가 튕겨져 입원을 한다
뒷골목으로 이어진 길을 입구로 쓰고 있다는 말일까
바지는 얼마나 헛헛하기에 아무것도 모르는 척할까

일그러진 안쪽을 다림질하는 게 바깥의 일이라면

주머니 속 노란 장미가
거짓말이라던 그는
가시에 그렇게 찔리고도 장미를 기다리고 있다

그의 연애담이 휴화산처럼 주머니에 뭉툭하다
무덤이 만져질 때도 물컹한 고구마에도 놀라던 여자는

700번 버스와 함께
내일쯤 그의 주머니에 정차할 것이다
의심이 주머니를 서성인다
이제껏 한 번도 다리가 아팠던 적 없으니까

하체가 없어서 들어가면 나올 수 없는
주머니, 바지에 딸린

아라비안 노래꼬리치레 Arabian babbler

주목해, 깃털을 감아올린 표정에

천적의 표적이 되기 위해 부단히 애쓰는 새
위로 더 높이 날아오르므로, 새

-아라비안 노래꼬리치레가 되는 법-
 컵 모양의 둥지를 틀 것
 갈색 세로줄 무늬의 이중창을 문장紋章으로 삼을 것
 갓 품은 알이 음표를 배우면
 긴 꽁지를 펼쳐 모래바람과 인사를 나눌 것

타인을 돕는 자만이
아라비안 노래꼬리치레가 사는 사막에 함께 할 수 있다
허공을 맴돌던 매가 날개를 펼치면
꼬리쳐 꼬리쳐
숨 가쁜 신호로 협곡은 사막의 위장술을 펼친다

우두머리 수컷의 짝짓기를 말해 줄까

엘크 위대한 뿔만큼이나 단단해
과녁을 품은 척추에게 닫힌 문이란 없다니까

와디무집 계곡 건너 C컵의 유혹이 기다린다
쉬폰 자락 하늘거리는 아래
램프가 켜지면 꼬리쳐 꼬리쳐

아라비안 노래꼬리치레의 사랑은 꼬리가 전부다

악수

자주, 터미널엔 눈이
푹- 푹- 발목이

쓸데없는 음악부터 버스에 실었죠
어제 내린 눈이 자꾸 내일을 흔들어 대요

횡단보도를 질러온 여자애처럼 검은 우산이 계단을 오르네요

아버지 질긴 손목을 뿌리쳤던 그 골목에도 눈이 내릴까요

좁은 극장의 의자는 아직도 삐걱대겠죠, 연인들의 훗날처럼

주전자에선 아버지를 빠져나온 한숨이 끓고 있어요

내일은 나의 날씨로부터 걸어 나오죠, 늘요

베개 아래 귓속말이 눈보다 쉽게 녹는다는 걸 당신은 알고 있나요

바닥을 치고 솟구치는 당신과 나의 노래, 당신은 언제나 혀를 꺼내어 내 손등을 닦았죠

길 건너 공중전화 박스에선 누군가 수화기를 물어뜯어요
뱀처럼 꼬인 전화선을 아예 잘라버릴걸
한번 시든 말을 다시 심는다 해도

나를 지나간 남자들은 모두 신문으로 얼굴을 가렸어요

종이가방처럼 우리 얇아지기로 해요

여름은 그곳에 남아

 불길한 징조라고, 너는 말했다 물감으로 짓이긴 나무 아래 너는, 고개 숙여 숫자를 맞추고 있었다 전등 사이로 흰 바람이, 골목에 세워져 있던 오토바이가 굉음을 내며 벽을 훑고 지나갔다 이마가 어두워졌고 살림이 헝클어졌다 어긋날 때면 의심으로 곤두서는 머리카락, 손등과 목의 핏줄이 도드라졌다 찢긴 공문서처럼, 흰 꽃이 흩날리는 액자를 향해 너는 주먹을 날렸다 엄마 없이 태어난다는 건 신기한 일이야? 부끄러운 일이야? 유리가 깨졌고 버티던 나무가 뽑혔고 벽이 찌그러졌다 석고 가루가 날리는 방바닥에서 너는 흩어진 시간의 퍼즐을 맞추고 있었다 자신을 내던질 때는 몸에 힘을 빼야 한다는 걸 몰라서 너는 매번 맞는 쪽보다 피를 더 흘렸다 발가락 사이로 알코올을 붓는 동안 버티던 꽃잎, 마저 떨어졌다 수척해진 밤이 네 등에서 태어난 듯 오래, 달라붙어 있다 여름은 검은 수의로 끝났다 스스로 켜진 전등처럼 너의 내부가 환하리라 믿었다

호계역에서

 젖은 철로변을 걸어요 길고 긴 당신 행로의 폐역을 생각하죠 손목을 잘라 노변에 심어 놓고, 당신은 모화와 효문 사이 어느 시절을 절룩이고 있을까요 체온을 잃은 빈 의자처럼, 바람을 기다리는 찌그러진 공처럼, 누군가를 사랑한 지난날의 나머지라 해두죠 그 겨울을 아직 떠나지 못한 얼굴, 타들어가는 입술이 내 것인지 당신 것인지, 궁금해 하는 일은 없을 거예요
 갑자기 꺼졌다 왈칵 켜지는 빗소리, 당신 쪼그라드는 등을 내가 어루만졌나요 나는 자꾸 젖어들죠 몸통만 길게 남은 채, 늙어가는 폐선로를 생각해요 누워 있는 사다리를 타며 밤새 후드득거리는 빗소리, 젖은 식빵처럼 고양이 한 마리 비틀거립니다 혀를 잃었나요 아니면 오직 혀뿐인가요 당신에게 묻습니다 빗소리가, 기적이, 내가, 여전히 가득합니까

네잎클로버는 없다

돼지우리에 떨어졌다

헤아릴 수 없을 만큼 발은 많은데 돼지는 한 마리도 없는 꿈

몇 분간의 행운일지도 몰라
긴 동아줄이 하늘에서 내려오듯

침대에서 누군가는 링거를 맞고 누군가는 발을 감추려 구멍을 찾는다지

오르골의 시간은 이를 악물고 재생되고

정해지지 않은 규칙이 반복해서 반목하고

네 발과 두 발 사이로 앞질러 날이 밝은 것처럼, 태연하게

소음과 노래가 섞여 침대를 더럽힐 때

그렇게라도 생에 머물 수 있다면

오래전 속삭인 편지가 반지와 함께 도착한 밤

우리는

서로의 돼지우리여서 오물쯤은 나눠 가질 수 있지

아직

모자, 일요일 그리고 개

개가 있는 일요일이었다
부풀기를 반복하는 털북숭이 세 시가
나른하게 누워 있는

휴게소였고,
반갑거나 내색할 슬픔이 없는 얼굴들이어서 좋았다
트럭이 빠져나가자 오후는 꼬리를 내리고

개는 떠난 모자처럼 어렵다
무엇을 품어야 저토록 무성할 수 있는지
모자의 속을 이해할 수 없듯

일요일이 검어진다 늙어 가는 속도로
털이 수북해지면 개도 나를 떠날 것이다

떠난 것들은 왜 커다란 구멍을 남기는지
꼬리를 몸에 바짝 붙인 채
달아날까 봐 다리로 누르고 잠에 드는지

개는
꼬리에 감정을 저장하는 버릇이 있다
이빨을 내보이지 않고도 으르렁댈 수 있다

개는 남고
일요일은 자꾸 찾아오고, 나는 모자를 쫓다
개가 누운 일요일에 다다른다
담쟁이가 기어오르므로, 일요일은
벽

두 발로 걷는 자, 반대합니다

모자가 있던 자리에 내가 하고 싶은 말을 걸었다

첫 눈사람

장송곡을 들려주세요

오늘은 죽은 자들이 노래를 신는 날

자꾸만 바다로 쏟아져 넘치는 하늘

이불 밖을 훔쳐보는 신들의 발가락

당신 길어진 속눈썹은 나붓나붓하고요

바람은 야윈 잔가지를 다독이며 수런거렸겠죠

그게 안부인 줄은 몰랐어요

바닥에 가만히 얼굴 뉘면 머리카락처럼 쌓이는, 엄마

손바닥에 하얗게 쏟아져 고이던 체온

귀를 곧추게 하는, 낡은 외투를 걸친 십이월을 기억합니다

환하게 어둑해지는 공원, 버려진 신발 같은

마당을 가로질러 외진 눈사람이 노크하던 대문

사그락사그락 가쁜 맨발의 숨결

객점 호쨔이

양고기 질감은 빛과 어둠의 간격이지

장전된 일인칭이 길을 물어오면
주홍색 등을 밝힌 객점 호쨔이로 안내하라

호쨔이
유리문을 흘러내리는 얼룩
초원을 여닫는 암호
방목된 바람 읽기를 머뭇거리지 마라

의자보다 먼저 접혀
우기를 기원하는 간절한 노파를
그 합장을, 구름의 주술로 주문하라

테이블 귀퉁이에 깔린 어둠, 구름의 시간을
산산조각 내어 접시에 담아보라
하늘을 훔친 까마귀의 노랫말

사막은 얼마나 숭숭한 과녁인가
불안을 포장하기 그만인 독주인가
벽지 구멍 속 만질 수 없는 여인은
사막을 호령하던 낙타의 첩이라 말하자

양 꼬치구이로 세상의 길목을 연
로터리 끝
바람보다 질긴 꼬치가 오르면
까마귀의 흑의가 쓸려 들었거니 하라

기억하라, 길 잃은 일인칭들이
모래바람에 휩쓸려올 새벽의
태양을

제 3 부

유키는 유키

 남바역 지하도에서 유키를 만났다 붕장어 튀김 덮밥을 먹고 있었다 꼿꼿한 듯 작은 몸이 흔들리고 있었다 유키란 오래 바라봐야 더욱 유키다워지는 것, 재킷 위로 가방 자국이 선명했다 긴 지하도를 따라 걷는 내내 유키는 늘어났다 줄어들었다 검어졌다 희미해졌다 어느 모퉁이 가게에서는 우르르 몰려있기도 했다 어디 있든 유키는 꼭 있어야 할 자리에 있었다 한 번도 울어본 적 없는 것처럼, 백열구처럼 있었다 붉은 천으로 문을 가린 가게 안에서는 술잔을 들고, 기침을 할 때에도 숙이거나 입을 가리지 않았다 유키는 검고 밝았다 유키의 가방 속엔 또 다른 유키가 들어 있을 것이다 울타리도 없는데 유키는 갇혔고 테두리가 있었으나 벗어나 있었다 유키는 흘러넘쳤고 닿는 곳마다 또렷했다

누구의 장례식이었을까

다리 위에서 지니를 만났다
손을 잡으려는 순간 길보다 납작해진, 검은색 저고리 위에
흰색 저고리를 겹쳐 입은 사람
아직은 여름인데
부은 눈으로 첫눈과 장례식을 주문했다
선약이 있는데, 나도 같이 가자고 했다
내겐 지갑이 없는데

고인이 누군지 몰라 까르르, 웃으며 우리는 걸었다

꿈일지도 모르는데
밖으로 나오지 못하고
육개장을 먹는 남자들 틈에 섞여
길 위에서, 밥을 먹었다
첫눈을 사서 지니의 장례식에 갔던 길인데
흰색과 검은색이 희끗희끗한
목탄 초상화 앞에서 자꾸 머뭇거렸다

장례식에 도착하면 날이 밝기 전에 시간을 묶어야 한다

우리는 처음으로 돌아갈 수 없고
이제 길 위로는 회오리바람이 밀려든다
여름을 알아챈 그가

녹기 전에 기념사진을 찍어야 한다며
내가 속한 장면을 흔들어 대고 있다

소꿉놀이

언니와 나
둘 다 예쁜 엄마가 되고 싶었으나
술 취하면 때리는 아빠도 있었으므로

나는 아빠가 되기로 했다
기왓장 조각에 이끼로 차린 밥상이 반짝거렸다
신발 안에는 닭이 물어온 노란 햇살
그날따라 벽돌을 빻은 반찬은 자꾸 바람에 날렸다

　새살림 차릴 엄마 가방이 숨겨진 마루 밑
　봄볕이 나무 대문을 열 수도 있다는 걸
　몰랐다 가방을 뒤쫓는 아빠의 왼쪽 주머니에 칼이 있었다는 걸
　햇살이 바닥에 쨍그랑 댄 뒤에야 알았다

　언니와 나는 계속 밥상을 차렸다
　외갓집이나 스타킹, 가끔씩 방문하던 선생님
　대학생과 산부인과, 장래 희망을 묻는 교회의 라디오

손찌검, 이런 반찬들이 차려지기도 했다

분홍 보자기로 엄마가
내 얼굴을 덮어버렸다 꿈이었는데도
흔들리던 젖니가 지붕 위로 사라졌다

언니가 손가락으로 밥을 먹기 시작했다
문소리가 나면 치마를 벗었다
나는 방문을 잠그고, 주일엔 아버지 면회를 갔다

태어난 날이 크리스마스였다는, 예수가
내 방에 있단다, 아버지가 손을 내밀었다
달걀처럼 위태로운 예수는 그 봄에 죽었잖아요

겨울인데도 해가 길어지고 있었다
이번엔 언니가 아빠 될 차례
언니가 잠든 사이 머리를 감기고 옷을 갈아 입혔다

톨게이트에 웃음을 지불했다

영정 사진이 웃고 있었다

벗은 신발을 신발장에 올려야 하는지 묻고 싶어
그녀를 본다 벚꽃을 보며 웃는 얼굴을

여기가 아니어서, 활짝 웃어 좋겠다
벚꽃에 홀려 그밖에는 무관심한 표정을
신발은 알아챌까 웃음이 신발을 꿰고 걷는 그곳이었으면

누군가는 절을 하고 누군가는 선 채 눈을 감는다
저 국화 한 송이를
차에서 기다리는 개에게 던져주면 혼자여도 무섭지 않을까

다시 눈 뜨지 못한다는 건 웃음을 끝낼 수 없다는 것
어쩌면 평소보다 조금 오래
눈을 감고 싶었을 뿐이거나
화장실에 들렀다 쇼핑을 하려 했던 것일 텐데

회사 로고가 새겨진 종이 그릇엔 흰밥이 담겼고
고인이 지난겨울 담갔다는 김치가 알맞게 익어 있었다

돌아오는 길, 웅성거리는 사람들 사이로
이 봄이 꽃을 찾아가다 누구를 쓰러뜨린 건가
다급한 움직임이 소란스럽다

계단을 올라와 신발을 툭툭 털고
종이에 불을 붙인다
큰 보폭으로 건너뛴, 벚꽃 나무 아래
그녀는 거기서도 그녀일까
꽃잎을 비료 삼아 무 배추를 기르고 김장을 할까

빈방엔 불이 켜 있어 다행이다
뚱뚱한 고양이가 비닐봉지 속 봄을 핥다 멀어지고
잠을 그녀 몫으로 건네고 온 긴 밤이었다

아직도 술래일까

녹색 철대문이 툭, 뱉어낸 우체부는
어쩌자고 모르는 바다를 들이밀까요
라면 국물 아직 마루에서 뜨거운데
늦기 전 담벼락에 박힌 앵둘 따야 하는데
머리카락 꼭꼭, 유월이 어지러워요

벼린 날들은 딱딱한 방바닥을 술병으로 굴러다니고
바닥에 누워 올려다보는 골목에
사라진 아내와 아이가 백열등으로 골똘해요
귀도 눈도 멀도록
두렁박 숨비소리로 뭍을 드나들지만
뭐, 끄떡없어요
말까지 빠뜨린 반버부리
소리를 운구하는 바다 위로
세상은 무덤만 한 파도를 자꾸 몰아오지만
모르는 바다쯤은
엎어버리면 그만이죠

신은 또 어제와 내일을 저울질하고

밤의 횡단보도

길 건너 모퉁이
꽃집은
횡단보도 끝자락에 엎드려 있다

초록 등이 켜질 때마다
구두 한 짝 저 혼자서
조금씩 도로를 건너 꽃집으로 빨려 들어간다

구두가 꽃집을 다녀간 적이 있을까
구겨 신은 내일에 취해 도로 밖으로 끌려갔을까

개업한 가게로 장례식장으로
결혼식장으로 자리를 옮기던 꽃들이
밑창이 다 닳아버린, 축축한 새벽을 물고 늘어서 있다

양동이에 담긴 몸에 아귀아귀 달라붙은 조명 혹은, 비명

뿌리를 잃은 것들이

조각달을 기웃거리며
남은 시간을 수소문하고 있다

횡단보도 초록 등이 켜졌다 꺼진다

목요일의 안부

 오늘은 냉장고를 버리기 좋은 날씨, 나는 의자에 놓인 생수병에 표정을 버린 후 뚜껑을 닫습니다 물과 몸을 바꿔 입은 목요일의 안부는 계단에서 시작됩니다 사람들이 몰려와요 안전이란 말은 등받이가 필요하다는 뜻 손을 맞잡아야 한다는 것

 냉장고 속 목요일이 버려집니다 휘청대는 허리가 냉장고를 들쳐 업습니다 산 것들이 없는 냉장고는 싱싱합니다 목요일이 버려지면 성큼, 혓바닥을 입천장에 붙인 채 사라지는 금요일이 오겠죠 그 사이 목요일에게 전할 내 안부를 잃었습니다

 생수병에 담긴 표정을 들키지 않은 내가, 온몸을 돌아 꼬리에 다다른 말을 기다립니다 냉장고는 트릭, 나는 더 노랗게 숨기 위해 목요일의 전원을 뽑았습니다

 목요일의 일곱 시는 금요일의 열한 시, 죽음과 약속하기 딱 좋은 시간, 싱싱한 죽음이 새 냉장고의 문을 엽니다

버려진 목요일이 쏟아집니다

광장의 방향

버스는 떠났고
비둘기들은 버려진 비닐봉지처럼 측은하고

멀리
이층 나무 계단의 노인이 넘어지고
붉은 이름이 층 층 층 쏟아진다

아이들은 줄을 헤쳐 제자리를 찾아간다
그 틈을 관리하는 작은 종소리들의 소란

이상 현상을 알리는 라디오의 재난 방송
아침에 피었던 나라가 죽었다

참을 수 없을 만큼 좋다고 고백한 게 몇 시간 전
그러니까 어젯밤이었는데
벌써 삐거덕거리기 시작했고

분명 도착할 곳이 있는데

거리의 풍경도 주머니 안에서 그대로인데

넘어진 노인이 일어나지 않는다
아이들이 과거 쪽으로 흩어진다

치가 떨리도록 우리가 서로를
사랑한 적이 있는지
광장이 비닐에 담긴 쓰레기처럼
서로의 길목에 버려져 있다

고무 타는 냄새가 광장을 양분하고 지난다

발자국 소리도 끊어지고
탁구공과 주사위는 아직 손바닥에 있는데

떠나간 버스가 등 뒤에 도착해 있다
없던 사람처럼 여기를 빠져나가

가까이 있던 모든 것을 나누어 쓴다

샤갈의 미술관

 흰 벽이었다 돌멩이가 아무렇지 않게 통과할 듯한, 안이었는데 바깥이었다 전체였다가 오렌지였다 의자 위의 둥근 달, 세로로 잘랐으나 소란한 즙이 흐르는, 무료한 칸이 수두룩했다 얼굴 없는 모래처럼 칸만 수북한 여기는 다시 흰 벽, 말라버린 오렌지와 흰 벽 사이엔 이름을 알 수 없는 식물이 치렁치렁 관계를 맺고 있다 이파리에 맺힌 물방울들이 파편으로 떨어진다 누구에게나 흰, 언제나 불가능한 목표처럼, 모르는 얼굴들이 팔꿈치를 괴고 엎드려 있다 붉은 상자 위에 다리를 늘어뜨리고 앉아 있다 더는 짖을 수 없는 늙은 개가 묶여 있다 더 이상 벽이 아닌 벽이 문을 버린다 은행잎이 떨어진다 구르다가 바퀴에 짓이겨진다 저런 절반의 죽음, 출렁거리며 다가오는 시간의 발을 핥는 저 개는 혀가 없다 신의 모습일까 미술관이 묻는다 목소리를 잃은 안개처럼 온몸으로 짖는다

스무 살 다이어리

나는 벌거벗을 줄도
단추를 채우는 법도 알아요
시계는 없지만 약속은 스무 개가 넘어요

일요일엔 챙 넓은 모자를 쓰고
자전거를 탔겠죠 내 나이는 어디든 내리막
무엇이든 걷어찰 수 있죠 하늘이 달립니다
자전거와 내가 풍경들을 먹어치우는 한낮의 식사

이런, 풀밭에 누워 사전이나 뜯어 먹을 작자들 같으니
내뱉는 욕까지 꽃 같아 끔찍한데요
나는 사람들을 피해 투명인간이 되는 법을 알아요
비 올 때마다 젖지만 어디 우산이 없겠어요

달은 오늘 밤 제 몸을 절반이나 먹어치울 거래요
달을 오래 보면 미쳐버리는 엄마는
칙칙한 옷장에서
지나온 계절을 다림질하고 있겠죠

내가 사라져도 세상이니까
어느 저녁을 열면 봄이 또 와 있겠죠
나를 찌르고 피 흘리거나
나 스스로 피를 나누는 법도 깨쳤어요

하수구로 흘려보내던 나는 어제의 일
햇살 아래
떠다니는 파도 스무 갠 오늘의 내 몫이죠

이런 나를 어느 길목이 먹어치울까요

폭설, 봄

방범창 옆 비좁은 방
화장대 거울이 깨져 있었다

여자 이마에선 귀퉁이 놓친 재떨이처럼
피가 흐르고, 남자는
기침을 하며 담배를 태우고 있었다

나는
금서를 읽다 들킨 아이처럼
함께 보내려던 주말과 유리 조각을 쓸어 담아
그 집을 나왔다

철창을 드나들며
아이를 키울 순 없다고, 피임약을 먹는다던 여자

그 후론 한 번도 볼 수 없었다

불룩한 배를 부여안은 채

무거운 겨울을 건디고
첫애를 안고 산후조리를 한다던 그녀가
목을 매었다는 소식

바람에게 들었을까
장례식 날, 봄비가 폭설로 바뀌었다

늦게 내린 눈은
비가 되었다가 눈이 되었다가
그녀가 먹던 분홍 알약이었다가

복숭아나무 아래 쌓여
그녀가 다 가도록 녹지 않았다

폐경

아이들이 가고 없는 운동장

미루나무 아래 바람만 가끔씩 의자에 앉았다 간다
낙엽이 타던 키 작은 미끄럼틀
버찌 같은 웃음을 저울질하던 시소

보충 수업은 없다

저녁 해가 자리를 뜨고 빛바랜 만국기의 끈을 자르면
펄럭이며 추락하는 유사 슬픔들

이른 봄 연붉은 몸내를 풍기던 벚나무와
가물가물 피맺히던 가을 샐비어에게
반나절쯤 길어진 종례를 한다

폐문 앞
허둥대던 일상을 두고 간다

등 뒤
새가 낮게 울었다

My Second Life

이것을 초록이라 부르기로 합시다

아무것도 없었는데
말이 끝나자 반짝이는 나뭇잎이 보였다
왼팔 맞은편에는 나무 그 건너엔 오른팔

멀찍이 떨어져, 나무의 자전을 생각한다
나무가 가지를 뻗어 원심력을 펼치고 있다
가족을 얻었다, 나무에겐
그림자와 날아든 속도로 날아오르는 새가 있다

초록은 그렇게 물성으로 성장한다
웃다가 찡그리고, 온화하면서 당당해지자고
왼쪽으로, 오른쪽으로, 위로
무늬를 가진 자존적 목질을 꾸린다

공원이면 좋겠어 중얼거리면 공장으로도 바뀌는 세계

조각상 앞에서 나를 조립한다
왼쪽을 오래 바라보다 큰 트렁크를 열고
비행기에 올라 오른쪽의 이름으로 출장을 간다

바라보는 방향이 이야기로 바뀐다
한쪽으로 기울어져 자전적인 이야기가 된다

두꺼운 몸에 그림을 그려 넣는 나무
안경을 끼고 축구공을 뒤쫓는 아이
벽에 기대 목적지를 고쳐 신는 이야기

어느 것도 시가 아니라고 말할 수 없는데
자전을 배우고 원심력으로부터 나를 지키려

잠꼬대로 알아듣지 못하는 세계를 다녀온다
받아 적는 꿈이 달라질 때면
여전히 자전 중인지를 묻는다 초록은 겨울로 바뀌었
지만

아직 초록으로 불린다

연필을 심었다

제4부

창고와 개

 얼굴이다 꽉 막혀 있고 구멍이 없다 터지기 위함일까 녹아내린다는 것은 딱딱한 과거를 지나온, 기억하지 못하는 얼굴이 사각을 넘어가 버린 이야기, 지난 시간은 복선으로 되돌아와 화려할 것이다 귀가 문틈으로 스며드는 색을 맞출 수 있을까 문 앞에는 창고를 닮은 표정이 있다 혼자 사는 개의 칫솔꽂이에는 낡은 꽃 세 송이가 꽂혀 있다 함께 진다는 것이 왜 의심을 낳아야 하는 일일까 가까운 곳에서 개의 울음이 검어지면 멀리에서 다시 어제가 도착한다 이빨이 뾰족한 건 오래 갇혀 있다는 증거, 납작하게 깔린 소리를 더듬어 바닥에 엎드린 개와 창고의 관계를 의심한다 토요일을 반으로 뚝 잘라 개에게 던져준다 하수구에는 흘러가지 못한 이야기가 막혀 있다 얼굴에 안전벨트를 묶어주는 머리카락의 오랜 습관으로 밤은 창고의 애완이 된다 흰 개가 짖는다 검다

우리 집 구전

  들은 얘긴데, 동생이 첫차를 놓쳤다네요

  허깨비걸음으로 나선 엄마의 새벽이 돌아오질 않아요 무렁무렁 무덤을 일구던 수국은 장독대를 떠났죠 장닭은 마당으로 부엌으로 애먼 흙만 뒤집고요

  하굣길 아카시 꽃에 코 박은 햇발은 챙챙 소릴 내며 신작로를 뒹굴어요 버들잎에 뻐꾸기 울음 번지면 엄만 먼 산이나 훔치며 온몸으로 땅을 품으려는 양했는데요 산자락 타고 내린 게 뭐든 다 꽃 다루듯 했더랍니다 돌무덤 쪽은 차마 못 보고 나뭇가지 꺾어 뭔가를 쓰고 지우기나 했더랍니다

  해넘이께 돌아온 엄만 퉁퉁 분 앞섶을 안고 고방에 들고요 돌 틈에 숨은 동생이나 빈 지게로 돌아온 아버지보다 나는 배가 더 궁금했지요

  빨랫줄에 늘어진 기저귀를 누구도 걷지 못하고

소나기에 누에잠이 젖었다 말라요 나는 고치가 되어가고요 뽕잎 갉는 소리 긴 실타래를 늘이고요 찔레꽃 꺾어 산에 오른 엄만 그림자를 업고 돌아오겠죠 동생이 첫차를 놓쳤다나 봐요

나 혼자 학교를 갑니다

크레바스

엘리베이터를 탔다

링거를 매달고
편의점에서 오는 사람을 마중하는 척하려고

마주치는 눈동자가 없어

지난주에는 반지 사이즈를 줄였지
부은 얼굴로 투명한 병을 받쳐 들고 걸어도
투명한 얼굴로 부은 병을 든 것처럼 보이려고

굴러다니거나 흔적이 사라져도 감고 있던 목도리를 계단에 버리고 유리문을 닫아도

잔디가 죽어 있는 놀이터
자정 넘어 그네는 저 혼자 흔들린다

바닥에 누군가 버린 이름이 떨어져 있다

연기를 뱉을 때마다 쌓였다 흩어지는 얼굴
여보세요
되돌아보는, 검은 슬리퍼 밖으로 튀어나온 발가락
안부는 나에게만 전하는 건가요

벽 너머 쏟아지는 스팸메일을 훑어
휴지통에 버린다
싱크대 앞에 서서 급히 만둣국을 먹던 남자
화면 밖으로 쏠려 간다

링거 줄을 잘라 버릴까?
편의점으로 들어가는 환자복의 검지가 유리문 속에서 저 혼자 떨린다

어떤 기호를 링거와 맞바꾼 게 분명했다

나무랄 수 없는,

무덤가에서 팬티를 벗던
여섯 살이 있습니다

언니의 버찌를 상상하면서
쪼그려 앉아 오줌을 눕니다 발밑이 떠내려가요
할미꽃이 빤히 들여다보는 가랑이

모르는 게 많던 나의 여섯 살엔
흰동백이 치맛자락을 끌어내려 줄 거라 믿었는데
봄날은 왜 아지랑이뿐인지
누굴 보라고 무덤가만 제일 먼저 환한지

언니는 너무 오래 살았어요 사타구니에선 시큼한 냄새가 납니다

개미가 파낸 흙 굴에 버찌를 씹다 고인 침을 흘립니다
햇살이 끈적거린다는 것을
알려주려는 듯, 쑥 잎을 적시던 언니의 피

치마 속에서 울음이 쏟아집니다

봄날의 목 깊이 집게손가락을 찔러 넣어도
토해지지 않는 여섯 살이 있죠
등에 사다리를 놓은 낮달이
몸 구석구석을 스멀대던 무렵이 있었습니다

뱀은 어디서 치마 속으로 숨어들었을까요 네 안에 있어, 안에
속삭이며 가슴의 똬리가 됩니다

팬티를 외면할 때마다 가려운 곳이 늘어납니다

대나무 꼭대기에 무명천 매달고
언니를 기다립니다 이런 데서 어떻게 살았어, 언니?

여섯 살을 예순여섯 번 헤아려도 나는
아직 언니가 긁어대던 가려움

무덤을 품고 팬티를 적시는, 밟아도 밟아도 되살아나는
여섯 살
끝내 죽일 수 없습니다

다시 여름

그녀가 서 있었다 머리에 흰 리본을 꽂고, 손을 잡자 기침이 쏟아졌다 지키지 못한 약속이 벽과 나란히 서 있다 그녀가 쏟아내는 기침은 누렇고 물컹했다 어젯밤 포춘 쿠키 메시지가 뭐였더라, 발 없는 조각상이 약속을 바꿔치기한 것 같아 자두색 스커트를 입은 내가 향을 피우자 잎 진 나뭇가지처럼 메마른 그녀가 웃었다 여름날의 오후, 붉은 입술이 선명해서 추웠다 죽은 자가 응답을 원할 때만 대나무를 흔드는 춤, 숱 많은 머리카락을 길게 묶은 얼굴들이 모여들었다 내 발이 그녀의 맨발에 얹혀 걷는다 오른 다리가 짧은 그녀는 국 냄비를 온몸으로 껴안아 나른다 다락방 액자에 담겨 있던, 피부가 그을리고 머리카락이 탈색된 그녀, 생강나무에 달린 붉은 열매를 따라간 그녀를 대나무가 붙잡고 있다 바닥에 등을 대고 누우면 자갈 구르는 소리

꽃을 들고 묘지에 간다 물려받은 기침이 멎지 않는다

8월 4일

참외를 베어 먹습니다
통째로

거울 앞에서
노랑보다 달콤했던 앞머리를 자릅니다
좀 색다른 나를 만나고 싶은데

삼킨 씨앗이 몸속에서 부화하면
어쩌죠? 나를 깨고 나오면요?

초대하고 싶지 않은 이름들
버리고 싶은 내가
가위에 잘려 바닥으로 떨어져 구릅니다

얼굴에 금이 가 있습니다
씁쓸한 생각이 넘쳐날까 봐 배꼽이 생겼는지도요

단맛은 노랗다고 온종일 나를 들볶던

새의 부리를 품은 참외를 먹었습니다

하고 싶은 고백이 많은데
혀를 깨물면 삼켜버린 어제 맛이 납니다

껍질을 깎아도 벗겨지지 않는
오늘 이후의 내 이름은 누구여야 할까요?

사는 게 지루해진 뒤 생일이 돌아오면
혹 신이 가위를 들고 찾아와 줄까요?

불어 끈 촛불이 케이크 위에서 시무룩합니다

그러게, 그러게

너는 이야기한다, 남편이 죽었어

바둑판에 대해 화분의 반란에 대해 오층 빌라의 비애에 대해 속옷이 부정하는 몸에 대해 병원은 왜 자신을 찾지 않는지 지방은 왜 서울이 못 되는지, 나는 커피를 조금씩 나눠 마시며 그러게 그러게를 반복한다 그러게와 그러게 사이 마주 보이는 건물에서 티셔츠에 몸을 넣는 여자가 보인다 그토록 작은 옷이 어떻게 여자를 삼킬 수 있는지

그날 오래된 비닐이 얼음처럼 깨지기도 한다는 걸 알았지

발음이 일그러질 때마다 그냥 울어도 될 텐데, 커피가 다 식으면 털어 넣고 그만 일어설까 너는 그 순간 울음을 터뜨릴까 죽은 이의 옷을 정리하는 기분을 쓰레기봉투에 담으며 너는 손도 함께 버려지기를 기도할까 혼자 남은 늦은 밤이 얼마나 이른 초저녁인지 밤새 채널을 돌리는, 눌린 머리카락을 아무렇게나 빗질하는 너를 떠올린다

지금도 침대 위에 베개가 그대로 있어

나는 아직 그래 그래만을 반복한다 커피는 죽음을 이해했다는 듯 얼룩을 남기고, 끝난 게 아니라고 말하지 못하는 내게, 너는 다시 이야기를 시작한다 누구나 이야기를 끝내지 못하고 생을 마친다

낮달

 시계꽃과 까마귀가 나란한 장면을 좋아해요 뒷걸음질을 사랑합니다 아무도 찾아가지 않은 팻말이 나의 오후 네 시를 덧칠합니다 전봇대를 훔보며 얼음을 씹는 것, 이곳의 물줄기는 일정한 리듬으로 분수를 맴돕니다

 닫힌 문 곁에 실내화가 와글거려요 이름표를 정돈하면 납작 엎드린 표정이 되죠 복도를 서성이던 얼굴이 덤벼들어요 나는 한낮에만 일어나는 마술을 상상합니다 나무문을 열어둔 채 기차를 타고 떠난 사람들, 미지의 장소엔 오늘의 입장이 먼저 도착하죠

 주삿바늘을 꽂은 팔이 바닥을 짚고 걸어다녀요 그늘이 깊을수록 아기가 되어가는 몸, 원탁 아래 숨어든 얼굴이 색종이로 낮달을 오려내고 있어요 모자를 빠져나온 검은 새와 흰 눈동자, 엄지손가락을 빨며 줄어든 몸속으로 빨려 들어가요 무릎이 떠오를 때까지

 휠체어에 묻혔다 다시 튀어나오는 얼굴, 나는 공을 주

고받다 먼저 쓰러집니다 상상 밖에선 노란 치마를 입은 여자와 검은 마스크를 쓴 남자가 비포장 길로 자꾸 사라져요 나는 주머니 속 사탕을 만지작거리며 두근대는 가슴을 내려갑니다 까마귀와 시계꽃은 여전합니다

여름 고드름

칡꽃 진다

텐트 빌려 버스 타던 여름방학처럼
운동화 훔치다 반성문 쓰던 땡볕처럼

어젠 오랜만에 내가 한 명이었는데

텐트 밖으로 나온 발가락을 자를 거라고
여름이 다시 온 줄도 몰랐지 뭐야

새는 다시 태어나도 새일까
죽을 만큼 미안하면 다시 안 태어나도 될까

잘근잘근 씹던 보라색 칡꽃을 뱉으며
선생은 안 될 거라더니
너는 왜 죽어서 나를 가르치니

석별의 정을 멋들어지게 부르던

어쩌자고 여관 딸린 목욕탕으로 우리는 찾아갔는지

너를 부르며 정신을 놓은 네 엄마를 물티슈로 닦아내고

비빔밥을 먹는데
밥에서 칡꽃 냄새가 나지 뭐야

너를 흩뿌린 여름처럼
텐트 밖으로 삐진 여분의 발가락이 또 있을 것처럼

칡꽃 진다, 미옥아

기도의 내일

 살구가 익는 예배, 무덤을 빠져나온 사람들이 일요일을 떠납니다 생일이 없는 나는 일주일 치의 발톱으로 엎드리죠 휠체어 바퀴에 끼인 신음을 신발이라고 믿는 사람들이 몰려옵니다

 구원은 형광등 같아요 자주 깜빡거립니다 나는 접힌 팔다리로 찬송가를 부릅니다 머리를 누르는 손이 셀수록 몸이 뒤틀려요 마주쳐지지 않는 손바닥, 놓친 박자는 화분의 그늘이 되지만 시든 꽃을 따진 않아요 문 밖 길고양이가 신발에 체취를 묻힙니다

 열두 시를 식탁으로 인도합니다 감사 기도를 기다리는 접시들, 강림한 웃음이 식판을 건너 손수건에 달라붙습니다 목덜미를 보여주는 우리들의 짧은 인사법, 내가 쉴 의자가 아니어서 당신은 다행입니까

 시계탑을 찾아갑니다 신발은 거꾸로 신고요 휠체어는 여러 번 계단과 통성명을 하죠 나는 숨고르기를 끝낸 살

구의 흐무러진 얼굴을 훔쳤습니다 담쟁이가 벽을 흘러내려요 십자가 꼭대기에 묶인 내일이 어제의 자세를 강요합니다

이모라고 했다

이모가 찾아왔다
봄을 잃어버렸다고

이모는
등에 업힌 아기를 가슴으로 돌려 안으며
나를 보고 이모라고 불렀다

철쭉이 지고 있었다
방앗간 지나 냇가 건너
녹색 철대문, 누군가 들어가면 안 된다며
말리던 곳, 되돌아가야 한다고 뒷목을 채던

목덜미가 아팠다
붉은 꽃을 씹다 꽃술에 취해서도
셔츠가 뜯겨서도 아니었다

통통 분 젖을 안고 들로 산으로 날뛰던, 몸에
잡초가 자란다며 제초제를 찾던, 혀를 내민 입에

거품이 부글부글 끓어오르던 이모

꽃이 피었다 지는 한낮이
저무는 반나절 몸 하나를 서쪽으로 떠넘기듯

외갓집 마루 서랍장을 열면
나보다 세 살 어린
낡은 신분증, 웃는 이모가 있었다

나르시시스트

바구니 가득
장미 꽃잎으로 샤워를 합니다
둘 곳 없는 눈
온몸을 더듬는 게 입술이어서 좋아요

껍질을 가졌어요
자궁으로 되돌아가고 싶지 않아서죠

기적을 울리며 들이닥치는
미끈거림, 깃을 치는 입술을 상상해요
미끈한 자유와 몸의 굴곡들을 사유화합니다

머리와 젖가슴 사이엔
좀 더 쿵쾅거리는 동사가 필요합니다
레버를 당겨요 이륙해 주세요

장미는 대륙을 건널 수 있을 만큼 커다란 날개
지붕 위의 마리오네트

발가락 사이로 피어나는 야옹
지느러미투성이 온몸에 손가락이 찾아온다면 대환영이죠

거품이 충분한 건 싫어요
커튼을 들춰 보려는 모르는 당신이 많아지겠죠
이 간지러움을

어쩌면 좋아요 주사위를 던지면 각 면마다 다른 얼굴의 내가 있습니다
나는 비누거품처럼 무수하고 풍성합니다

끝없이 높은 계단을 오를 때
나라서 좋아요
거기서 뛰어내릴 때조차도

나는 누군가의 완벽한 대안입니다

해설 · 시인의 말

| 해설 |

변학적 언어와
찰나의 카타르시스

김병호(문학평론가)

 우리가 시를 읽고, 소설을 읽는 행위는 단순한 교양 함양의 수준에 그치지 않는다. 문학은 이미 그 일차적 차원을 넘어 독자 심리에 깊이 관여하면서 정서적, 인지적, 사회적 경험을 확장하는 역할을 해주기 때문이다. 특히 시는 읽는 이에게 풍부한 정서적 경험을 제공한다. 시 속 인물과의 동일시, 감정이입 그리고 카타르시스의 경지에까지 이끈다. 그런데 우리가 시를 읽을 때 가장 빈번하게 마주하는 것이, 존재의 불안과 상실, 트라우마라는 심리적 차원이다. 이것들은 인간 심리의 가장 깊은 곳에 잠재된, 보편적인 경험이지만 함부로 노출되지 않도록 자기 보호를 강제하며 특별한 경우에만 허락된다. 시를 읽는 일은 바로 이런 특별한 경우에 해당한다.

시 속에서의 '상실'은 단순히 물리적인 부재를 넘어, 정체성과 관계, 삶의 의미에 깊은 영향을 미치는 심리적 박탈감을 의미한다. 상실 자체에 대한 서사로 구현되기도 하지만, 보통은 공허나 기억의 파편화 등의 상징적 이미지를 통해 독자에게 주로 공감과 위로를 제공하려 한다. 시인들이 항상 부재하는 대상에 대한 성찰을 통해, 현재의 자아를 탐색하고, 자기 언어로 이 내면의 공백을 채우려 집착하는 연유도 이 지점에서 읽어낼 수 있다.

'존재의 불안'도 상실과 비슷한 맥락을 지닌다. 삶의 의미, 자아의 통일성, 죽음에 대해 인간이 가지고 있는 근원적인 불안감에서 기인한다. 시에서 흔히 목격되는 불안감은 파편화된 정체성이나 고립된 개인 또는 초현실적이거나 부조리한 장면으로 표현되며 이미지들은 삶의 무의미함이나 소외, 정체성의 위기를 보여준다. 우리는 이러한 문학 작품을 통해 인간이 직면한 근원적인 질문에 대한 답을 찾아가는 심리적 여정을 걷게 된다. 자신의 존재론적 질문에 대한 사유의 기회를 제공받는 셈이다.

마지막으로 '트라우마'는 일종의 심리적 상처이다. 기억과 자아의 연속성을 파괴하는 트라우마를 통해 시인은 해체된 자아의 상태를 언어로 표현하고, 이를 통해 단절된 기억을 통합하고 관계와 상처에 대한 이해와 공감의 장을 마련하려 한다.

이 세 가지 경험은 대단히 밀접하게 얽혀 있다. 상실로부터 트라우마가 발생할 수 있고, 상실과 트라우마는 존재론적 불안을 증폭시키기도 한다. 또한 존재의 불안정은 상실과 트라우마를 처리하는 방식에 영향을 미친다. 시는 이러한 경험을 표현하고 탐색하며 치유하는 통로 역할을 하며, 내면의 혼란을 의미 있는 구조로 변환시키는 역할을 할 수 있기 때문이다. 시의 이러한 숭고한 사명을 설명하기에 가장 모범적인 텍스트가 이현의 첫 시집 『인디언 서머』라고 할 수 있다. 2016년 《서정시학》으로 등단하고, 절치부심 끝에 구 년 만에 첫 시집을 출간한 이현 시인의 시 세계는 앞서 설명한 상실과 존재의 불안, 트라우마라는 인간의 압도적 상처를 적나라하게 보여주는 동시에 어느 찰나의 카타르시스를 제공하고 상처를 공유하며 증언하는 역할을 해내고 있다.

이후에 함께 촘촘히 읽어보겠지만, 이현의 시는, 시인 개인의 심리적 과정뿐만 아니라, 보편적인 인간의 경험을 탐구하는 중요한 방식으로 활용되고 있다. 그가 시에서 그려내는 부재는 무의식적인 상실 혹은 억압된 기억이나 불완전한 애착을 상징화하고 재작업하는 승화(sublimation)의 역할을 한다. 이때 그의 언어는 내면의 갈등을 중재하고 상실을 보상하는 '전이 대상(transitional object)'으로서 기능

한다. 시인은 부재하는 것을 끊임없이 호출함으로써 자기 상실의 고통을 직면하고, 이를 통해 내면의 균형을 찾아가려는 시도를 계획한다.

파편화된 트라우마 기억에 시적 언어로 다다르고, 이를 통해 분열된 자아 상태를 통합하며, 외상 후 성장을 촉진하려는 노력이 이현 시가 지닌 미학적, 철학적 가치라고 할 수 있다. 시인은 자기 삶의 고통스러운 경험을 언어로 포착하고 형상화함으로써, 외상에 압도되지 않고 이를 자신의 일부로 통합하려는 의지를 보여준다.

그가 51편의 시를 통해 부재와 변화에 몰두하는 것은 의미와 정체성의 내재적인 지연(deferral)과 불안정성의 반영이다. 자아는 고정된 실체가 아니라 끊임없이 생성되고 변화하는 과정에 있으며, 시인은 이러한 자아의 가변성을 시적 언어로 탐구한다. 시를 통해 상실과 트라우마에 직면하고 이를 통합하려는 시인으로서의 창조적 욕망이다.

그래서 시집 『인디언 서머』는 이현 시인에게는 개인적인 카타르시스와 자기 치유와 성찰의 과정을 촉진하는 가장 심오한 도전이며, 그의 시를 읽는 독자에게는 상실과 부재를 넘어서는 통찰과 초월을 위한 비옥한 토양으로 받아들여지게 된다. 이제 촘촘히 그리고 천천히 그의 호흡을 따라가 보자.

여름이 갇혔다

한 번도 스스로 어두워본 적 없는 마네킹을 생각한다
한 덩어리의 어둠으로 켜켜이 페이지를 이룬
두꺼운 책을 들고 비가 올 때마다 계단을 오른다

종이컵에 가라앉은 시간을 마신다
처음엔 이름과 맞바꿀 생각이었다 어둠, 한 줄에 죽음 하나

나는 아무렇지 않은 척 살고 있구나, 쇼윈도를 사는 심정으로

어제는 비스킷을 씹고
죽은 자와 나누던 대화를 불러내고
흰 벽에 부딪친 나비의 날개를 이해하고
아무렇게나 떨어진 옆 테이블의 목소리를 데리고
깊은 나락으로 내려갔다

어긋나게 자란 사시나무 곁으로
시침이 꽂힌 채 작은 새가 뒷걸음질 치고 있었다
누군가 다가와

처음으로 돌아가는 문을 알려주겠다고 했다
나는 머리를 흔들었다

아무것도 필요하지 않은 여름이었다
- 「인디언 서머」 전문

 시 「인디언 서머」는 글의 서두에서 설명한 내용을 압축적으로 보여주는 작품이다. 즉 상실, 트라우마, 존재의 불안정, 그리고 정체성 탐색이라는 현대인의 보편적인 내면 풍경을 밀도 높은 언어와 독특한 이미지로 직조해 내고 있다는 의미이다. 표제작으로서 시집의 전체적인 분위기와 주제 의식을 함축적으로 담아내고 있으며, 특히 현실과 유리된 듯한 현대인의 삶, 그 속에서 느끼는 내면의 공허함을 날카롭게 포착한다.
 시의 첫 구절은 도발적이다. "여름이 갇혔다"는 명제는 역설적인 의미를 넘어, 화자의 심리적 상태와 현대인의 존재론적 상황을 압축적으로 보여준다. 흔히 '여름'은 활력, 생명력, 자유로움, 풍요로움을 상징하지만, 이것이 '갇혔다'고 표현되면서 에너지가 속박되고, 흐름이 중단된 상태, 상실한 내면의 공허를 암시하게 된다. 여름을 온전히 경험하지 못하고 화자는 내면의 어딘가에 갇혀 있다.
 이 시에서 시인이 중요하게 생각하는 상징 중 하나가

'마네킹'이다. "스스로 어두워본 적 없는 마네킹"은 현대인의 삶이 지닌 피상성과 정체성의 위기를 예리하게 은유하는 수동적 존재이다. 내면의 고통이나 성찰의 깊이가 부재하는 이 마네킹을 통해 시인은 진정한 자아를 상실하고 타인의 시선에 맞춰 살아가는 현대인의 모습을 고발하면서 "쇼윈도를 사는 심정으로" "아무렇지 않은 척 살고" 있는 자신을 고백한다. 화려한 외부 모습과 대비되는 내면의 공허는 화자의 깊은 고독과 상실감을 부각한다. 이후의 "비가 올 때마다 계단을" 오르는 행위나 "종이컵에 가라앉은 시간을" 마시는 행위를 통해 시인은 고통스러운 기억이나 감정적 침잠의 순간들이 반복적으로 찾아올 때마다, 그것을 회피하지 않고 직면하려는, 혹은 그 기억으로 더 깊이 들어가려는 일종의 의식적인 움직임을 보여준다. 삶의 무게를 짊어지고 고통을 견뎌내는 현대인의 고독한 모습을 그려내며, 내면의 공허함을 메울 수 없는 반복적인 탐색의 과정이다. 동시에 "흰 벽에 부딪친 나비의 날개"를 통해 연약하고 아름다운 존재가 현실의 단단한 벽에 부딪혀 좌절하는 이미지를 그려낸다. 이상과 현실의 괴리에서 오는 무력감과 상실감을 섬세하게 표현하면서 그 과정에서 느끼는 깊은 내면의 상처를 드러낸다.

개인적으로 인상적이었던 부분은 마지막 연이었다. "나는 머리를 흔들었다//아무것도 필요하지 않은 여름이었다"는 구절에서 '처음으로 돌아가는 문'이라는 유혹적인 제안에도 불구하고 이를 거부하는 화자의 태도는, 단순한 체념을 넘어선 어떤 단호함과 자기 수용의 자세임을 보여주고 있다. 과거의 상처나 상실을 되돌릴 수 없음을 인정하고, 현재의 불완전한 자아를 끌어안으려는 화자의 숭고한 의지. 이러한 선택은 겉으로 보기에 "아무것도 필요하지 않은" 무기력한 태도로 비칠 수 있지만, 오히려 내면의 평화를 찾아가는 이현 시인만의 자기 성찰의 결과로 읽힌다. 삶의 고통을 외면하지 않고 그 속에서 자신만의 의미를 찾아가려는 시인의 의지는 독자에게 깊은 공감과 함께 역설적인 위로를 건네준다.

　　이것을 초록이라 부르기로 합시다

　　아무것도 없었는데
　　말이 끝나자 반짝이는 나뭇잎이 보였다
　　왼팔 맞은편에는 나무 그 건너엔 오른팔

　　멀찍이 떨어져, 나무의 자전을 생각한다
　　나무가 가지를 뻗어 원심력을 펼치고 있다
　　가족을 얻었다, 나무에겐
　　그림자와 날아든 속도로 날아오르는 새가 있다

초록은 그렇게 물성으로 성장한다
웃다가 찡그리고, 온화하면서 당당해지자고
왼쪽으로, 오른쪽으로, 위로
무늬를 가진 자존적 목질을 꾸린다

공원이면 좋겠어 중얼거리면 공장으로도 바뀌는 세계

조각상 앞에서 나를 조립한다
왼쪽을 오래 바라보다 큰 트렁크를 열고
비행기에 올라 오른쪽의 이름으로 출장을 간다

바라보는 방향이 이야기로 바뀐다
한쪽으로 기울어져 자전적인 이야기가 된다

두꺼운 몸에 그림을 그려 넣는 나무
안경을 끼고 축구공을 뒤쫓는 아이
벽에 기대 목적지를 고쳐 신는 이야기

어느 것도 시가 아니라고 말할 수 없는데
자전을 배우고 원심력으로부터 나를 지키려

잠꼬대로 알아듣지 못하는 세계를 다녀온다

　　받아 적는 꿈이 달라질 때면

　　여전히 자전 중인지를 묻는다 초록은 겨울로 바뀌었지만

　　아직 초록으로 불린다

　　연필을 심었다

　　　　　　　　　　　　　　- 「My Second Life」 전문

　이현의 시 「My Second Life」 역시 다소 이색적인 작품이다. 이 시는 존재의 근원과 자아의 본질을 탐색하는 심오한 여정을 그리고 있다. '초록'이라는 상징적인 이미지와 'My Second Life'라는 제목의 그늘에서, 시인은 재탄생과 끊임없는 변화 속에서 진정한 자신을 찾아가려는 의지를 탁월하게 드러낸다. 앞선 「인디언 서머」처럼 시는 단정적 진술로 시작한다. "이것을 초록이라 부르기로 합시다"라는 선언적 진술은 새로운 시작과 의미 부여의 의지를 드러내는 명명 행위이다. 2연에서 후속되는 언어의 창조적 힘, 이것은 무에서 유를 창조하는 자아 탐구의 첫걸음이다.

　시인은 나무의 '자전'과 '원심력'을, 고정되지 않고 끊임없이 움직이며 변화하는 존재의 속성을 은유하면서, 나무가 그림자와 새를 '가족'으로 얻는다고 표현함으로써, 자아가 외부 세계와 관계 맺고 확장되는 과정을 따뜻한 시선으로 그려내고 있다. 외로이 홀로 존재하는 것이 아니라 주변과의 유기적인 연결 속에서 자아를 형성하는 의지를 보여주는 것이다.

시행이 거듭되면서 '초록'이 추상적인 개념을 넘어 구체적인 '물성'을 띠고 성장하는 과정이 묘사된다. 자아가 추상적인 관념에 머무르지 않고, 희로애락을 겪으며 다채로운 감정을 통해 단단한 '목질'을 이루어 가는 적극적인 의지인 동시에 삶의 다양한 면모를 포용하고, 외부의 시선에 굴하지 않으려는 '자존적'인 자아의 욕망도 보여준다. 삶의 다양한 순간들이 쌓여 자아를 형성하고, 그 속에서 끊임없이 변화하고 성장하는 모습들을 시인은 놓치지 않는다.

특히 "받아 적는 꿈이 달라질 때면" "자전 중인지를 묻는다"고 하면서 "연필을 심었다"는 고백은 시인의 강력한 의지를 집약적으로 보여주는 지점이다. '초록'의 생명력을 이어가기 위해 심은 '연필'은 시인의 창작 도구이자 자아를 기록하고 탐구하는 매개체이다. 따라서 '심는'다는 행위는 단순한 기록을 넘어, 창작을 통해 지속적으로 자신을 성장시키고, 그 안에서 새로운 삶을 일구어 나가겠다는 자기 고백으로, 내면의 생명력과 희망을 잃지 않으려는 시인의 치열한 본능과 의지라고 하겠다.

이현 시인은 고정된 자아가 아닌, 유동적이고 다층적인

자아를 받아들이고, 삶의 모든 경험을 통해 성장해 나가는 현대인의 모습에 주목한다. 시를 통해 드러나는 시인의 자아 탐구 의지가 개인적인 차원을 넘어, 보편적인 인간의 삶과 예술의 의미에 대한 깊은 성찰로 확장되어 독자에게 전달되는 새로운 경험을 이현 시인은 선사해 준다.

언니와 나
둘 다 예쁜 엄마가 되고 싶었으나
술 취하면 때리는 아빠도 있었으므로

나는 아빠가 되기로 했다
기왓장 조각에 이끼로 차린 밥상이 반짝거렸다
신발 안에는 닭이 물어온 노란 햇살
그날따라 벽돌을 빻은 반찬은 자꾸 바람에 날렸다

새살림 차릴 엄마 가방이 숨겨진 마루 밑
봄볕이 나무 대문을 열 수도 있다는 걸
몰랐다 가방을 뒤쫓는 아빠의 왼쪽 주머니에 칼이 있었다는 걸
햇살이 바닥에 쨍그랑 댄 뒤에야 알았다

언니와 나는 계속 밥상을 차렸다

외갓집이나 스타킹, 가끔씩 방문하던 선생님
대학생과 산부인과, 장래 희망을 묻는 교회의 라디오
손찌검, 이런 반찬들이 차려지기도 했다

분홍 보자기로 엄마가
내 얼굴을 덮어버렸다 꿈이었는데도
흔들리던 젖니가 지붕 위로 사라졌다

언니가 손가락으로 밥을 먹기 시작했다
문소리가 나면 치마를 벗었다
나는 방문을 잠그고, 주일엔 아버지 면회를 갔다

태어난 날이 크리스마스였다는, 예수가
내 방에 있단다, 아버지가 손을 내밀었다
달걀처럼 위태로운 예수는 그 봄에 죽었잖아요

겨울인데도 해가 길어지고 있었다
이번엔 언니가 아빠 될 차례
언니가 잠든 사이 머리를 감기고 옷을 갈아 입혔다

-「소꿉놀이」전문

시집 『인디언 서머』에는 위험하거나 위태로운 작품이

암암리에 숨겨져 있다.「소꿉놀이」가 그 대표적 작품이라고 할 수 있다. 이 시는 어린아이의 경험, 특히 가족 내 폭력과 불안정한 환경이 개인의 정체성 형성과 자아 변형에 미치는 영향을 심도 있게 다룬다. '소꿉놀이'라는 유년기의 행위를 통해 비극적인 현실을 재구성하고, 이를 통해 존재의 불안정과 상처받은 자아의 모습이 노출된다.

"술 취하면 때리는 아빠" 때문에 "예쁜 엄마가 되고 싶었"던 언니와 나의 꿈은 불능이 된다. 오히려 "나는 아빠가 되기로 했다"는 선언을 통해 시인은 전통적인 성 역할과 이상적인 가족상에 대한 기대를 전복시킨다. 어린 화자에게 '아빠'라는 존재가 주는 폭력성은, 자신을 보호하기 위한 방어 기제로 그 역할을 자처하며 존재의 불안정성 속에서 새로운 정체성을 탐색하게 한다. 현실의 고통스러운 경험은 자아에 깊이 각인되어 정체성 혼란을 초래하게 된다. "나는 아빠가 되기로 했다"는 구절은 화자가 폭력의 주체가 되기를 선택한다는 선언이며, 역설적으로 피해자로서의 무력감에서 벗어나고자 하는 시도로 해석될 수 있다.

일반적으로 순수함과 아름다움의 은유인 소꿉놀이는 화자에게 비현실적이고 위태로운 이미지로 어린 시절의 불안정한 분위기를 암시한다. 마루 밑에 숨겨진 엄마의 가방과 아빠의 왼쪽 주머니에 있던 칼은 폭력의 직접적인 위협을 드러낸다.

평범한 일상에서 갑자기 드러난 폭력의 순간, 그것은 어린 화자에게 각인된 트라우마의 선명한 시각적 이미지로 작용하며, 삶에서 자존감을 잃게 만드는 트라우마로 남게 된다.

시 속의 자매는 각자의 방식으로 상처에 대처한다. 언니는 "손가락으로 밥을 먹기 시작"하고 "문소리가 나면 치마를 벗었"고 나는 "방문을 잠그고, 주일엔 아버지 면회를" 가면서 외부의 위협에 대한 방어적인 자세를 견지하거나 스스로를 고립시키는 방식으로 삶을 이어간다.

크리스마스를 배경으로 배치되는 풍경은 구원에 대한 불신과 절망감을 더욱 대조적으로, 극단적으로 드러낸다.

시간이 흘러도 상처는 반복되고 세대 간에 전이된다. "이번엔 언니가 아빠 될 차례"가 되면서 폭력의 악순환이 멈춰지지 않는다. 개인적으로는 극한 손상이 가져온 파멸의 모습으로 읽힌다. 화자의 상처는 자아 변형을 통해 파멸의 방식으로 표출되고 있다. 시인은 외면하거나 은폐하려는 아픔을 수면 위로 끌어올려, 자학의 기제로 활용하려는 것이 아니라, 당당히 어린 시절의 상처와 트라우마와 맞서고 있다.

바구니 가득
장미 꽃잎으로 샤워를 합니다

둘 곳 없는 눈
온몸을 더듬는 게 입술이어서 좋아요

껍질을 가졌어요
자궁으로 되돌아가고 싶지 않아서죠

기적을 울리며 들이닥치는
미끈거림, 깃을 치는 입술을 상상해요
미끈한 자유와 몸의 굴곡들을 사유화합니다

머리와 젖가슴 사이엔
좀 더 쿵쾅거리는 동사가 필요합니다
레버를 당겨요 이륙해 주세요

장미는 대륙을 건널 수 있을 만큼 커다란 날개
지붕 위의 마리오네트
발가락 사이로 피어나는 야옹
 지느러미투성이 온몸에 손가락이 찾아온다면 대환영
이죠

거품이 충분한 건 싫어요
커튼을 들춰 보려는 모르는 당신이 많아지겠죠

이 간지러움을

어쩌면 좋아요 주사위를 던지면 각 면마다 다른 얼굴의 내가 있습니다
나는 비누거품처럼 무수하고 풍성합니다

끝없이 높은 계단을 오를 때
나라서 좋아요
거기서 뛰어내릴 때조차도

나는 누군가의 완벽한 대안입니다
-「나르시시스트」 전문

마지막 차례로 읽어보는「나르시시스트」역시 이현 시의 개성적 세계관을 고스란히 보여준다. 자기애적 주체의 내면을 강렬한 이미지와 파격적인 언어로 그려내면서도, 존재의 불안정과 그 속에서 자아를 탐색하고 확립하려는 치열함을 감추지 못한다. 앞서 살핀 작품들과 다소 다른 결이지만, 여전히 기존의 관습적인 시선을 거부하고, 주체적인 감각과 욕망을 전면에 내세워 독특한 개성을 과감하게 드러낸다. 시는 화려하면서도 감각적인 이미지로 시작하면서 극도로 미화된 나르시시즘의 본질을 보여준다. 외

부의 시선에서 벗어나 오직 자기 감각에 몰입하는 모습은 타인의 시선에서 자유로운 내면의 욕망을 직시하며, 자기 몸을 탐색하는 자아와의 깊은 교감을 드러낸다.

하지만 이현 시인은 여전히 자아의 불안과 독립의 의지를 꺾지 않는다. "껍질을 가졌어요/ 자궁으로 되돌아가고 싶지 않아서죠"라는 구절을 통해 외부로부터 자신을 보호하는 동시에 타인과의 단절을 선명하게 한다. 유년기의 의존성과 나약함, 혹은 외부의 통제에서 벗어나 완전한 독립된 개체로서 존재하려는 욕망과 스스로의 정체성을 확고히 하려는 주체의 의지를 보여준다. 시인은 노골적으로 '입술'이나 '몸의 굴곡' '미끈거림'과 '쿵쾅거림'의 성적 뉘앙스를 통해 자기 몸과 욕망을 온전히 자신의 것으로 소유하려는 감각의 사유화를 시도한다. 육체적인 쾌락을 넘어, 그 쾌락을 통해 자신만의 세계를 구축하고 통제하려는 나르시시스트다운 욕망이다. 동시에 현재의 감각적 만족을 넘어선 새로운 경험과 자극에 대한 갈망을 드러낸다.

시인은 시의 후반부에서 초현실적이면서도 강렬한 이미지들의 나열을 통해 자아의 무한한 가능성과 변화에 대한 개방적인 태도를 보여준다. '커다란 날개'나 '마리오네트' '야옹' '손가락' 등은 자유와 생명의 감각이면서 세계와 소통하려는 욕망을 의미한다. 이러한 나르시시스트적 욕망은 화자로 하여금 "거품이 충분한 건 싫"으면서도 "커튼을 들춰 보려는 모르는 당신이 많아지"는 일은 상상하는데, 여기에는 타인의 시선에 대한 복합적인 감정이 드러난다. 타인의 시선이 주는 불편함과 동시에 은밀한 쾌감, 혹은 자아를 확인받고 싶은 미묘한 욕망의 속성을 이현 시인은 누구보다 정확히 꿰뚫고 있다. 이러한 인식은 주사위의 각 면처럼 다양한 자아를 가지고 있다는 것이며, 고정된 정체성을 거부하고 끊임없이 변화하고 생성되는 자아를 긍정하는 태도로 이어진다. '비누거품'처럼 일시적이고 가변적이지만 동시에 풍요롭고 다채로운 자아의 모습을 드러내며, 존재의 불안정을 오히려 자신의 개성으로 수용하는 독특한 시선을 보여준다.

"누군가의 완벽한 대안"이 되고 싶은 욕망, 나르시시스트의 초월적인 자기애를 극명하게 보여주는 지점이다. 타인의 욕망과 시선 속에서 자신의 가치를 찾고, 자신을 통해 타인의 결핍을 채워주려는 과장된 자기 인식은 나르시시스트의 기본적 욕망에 속한다. 나르시시스트는 스스로를 타인에게 필요한 존재로 인식함으로써 자신의 존재 가치를 극대화하려는 심리와 타인의 욕망으로 정의되는 불안정한 자아의 그림자도 동시에 내포한다.

시인은 자기 탐닉, 욕망의 분출, 그리고 자아의 유동성을 긍정하는 나르시시스트의 욕망을 통해 독자에게 강렬한 감각적 경험과 함께 자아와 타인, 존재의 본질에 관한 질문을 던지고 있다.

 일반적으로 상실과 존재의 불안, 트라우마는 시를 쓰고 시를 읽는 과정에서 중요한 의미를 갖는다. 이 세 가지 요소는 개별적인 감정이나 사건을 넘어, 인간 존재의 근원적인 조건과 맞닿아 있으며, 시는 이를 다양한 방식으로 탐구하고 재구성함으로써 독자들에게 깊은 성찰과 공감을 불러일으킨다. 이현의 시가 그렇다. 함께 읽어본 것처럼, 이현 시인은 통상적인 미학의 관념에 도전하며, 불편함과 혼란을 유발하기도 하지만, 결국에는 삶과 인간 존재에 대한 더 깊은 이해와 정서적 복합성, 그리고 카타르시스를 경험하도록 독자를 이끈다. 익숙했던 상투적 풍경과 정서 속에 숨겨진 고통과 절망, 비참의 모순적인 상황 속에서도 삶의 존엄을 발견하고 탐구함으로써 독자에게 낯설고 새로운 시선과 미묘한 감동을 선사한다. 그리하여 그의 시를 읽는 독자들은 고통과 아름다움, 파괴와 창조가 공존하는 역설적 상황을 통해 삶의 다층적인 면모를 깨닫게 된다. 삶의 경이와 불안이 뒤섞인 복합적인 감정을 경험하면서, 때로는 불편함이나 고통을 느끼는 동시에 독자는 삶의 미묘한 복잡성을 자신만의 고유한 사유로 재해석하는 찰나의 카타르시스를 경험한다.
 이현의 시는 완벽한 행복이나 해결책을 제시하지 않지

만, 불완전한 현실 속에서 삶을 받아들이는 법에 대한 사유를 선사하며 잔잔하면서도 깊은 여운을 남긴다. 복잡다단한 삶의 갈피를 이해하고, 자신만의 의미를 찾아가는 변혁적인 경험을 통해 다다르는 미학적 쾌감이 이현 시인만이 지닌 또 다른 시적 가치이며 가능성이다. 벌써부터 그의 다음 시집이 기다려진다.

시인의 말

여전히

막막하고

환하다

실천문학시집선 318

인디언 서머

2025년 11월 25일 1판 1쇄 박음
2025년 12월 05일 1판 1쇄 펴냄

지은이	이 현
펴낸이·편집장	윤한룡
디자인	윤려하
관리 영업	이소연
홍보	고 우

펴낸곳	(주)실천문학
등록	10-1221호.(1995.10.26)
주소	남양주시 퇴계원읍 퇴계원로 52 405호
전화	02-322-2161~3
팩스	02-322-2166
홈페이지	www.silcheon.com

ⓒ 이현, 2025

ISBN 978-89-392-3187-0 03810

울산광역시 울산문화관광재단

이 책은 울산광역시, 울산문화관광재단 '2025년 예술창작활동 지원사업'의
지원을 받아 발간되었습니다.

이 책 내용의 전부 또는 일부를 재사용하려면
반드시 지은이와 실천문학 양측의 동의를 받아야 합니다.